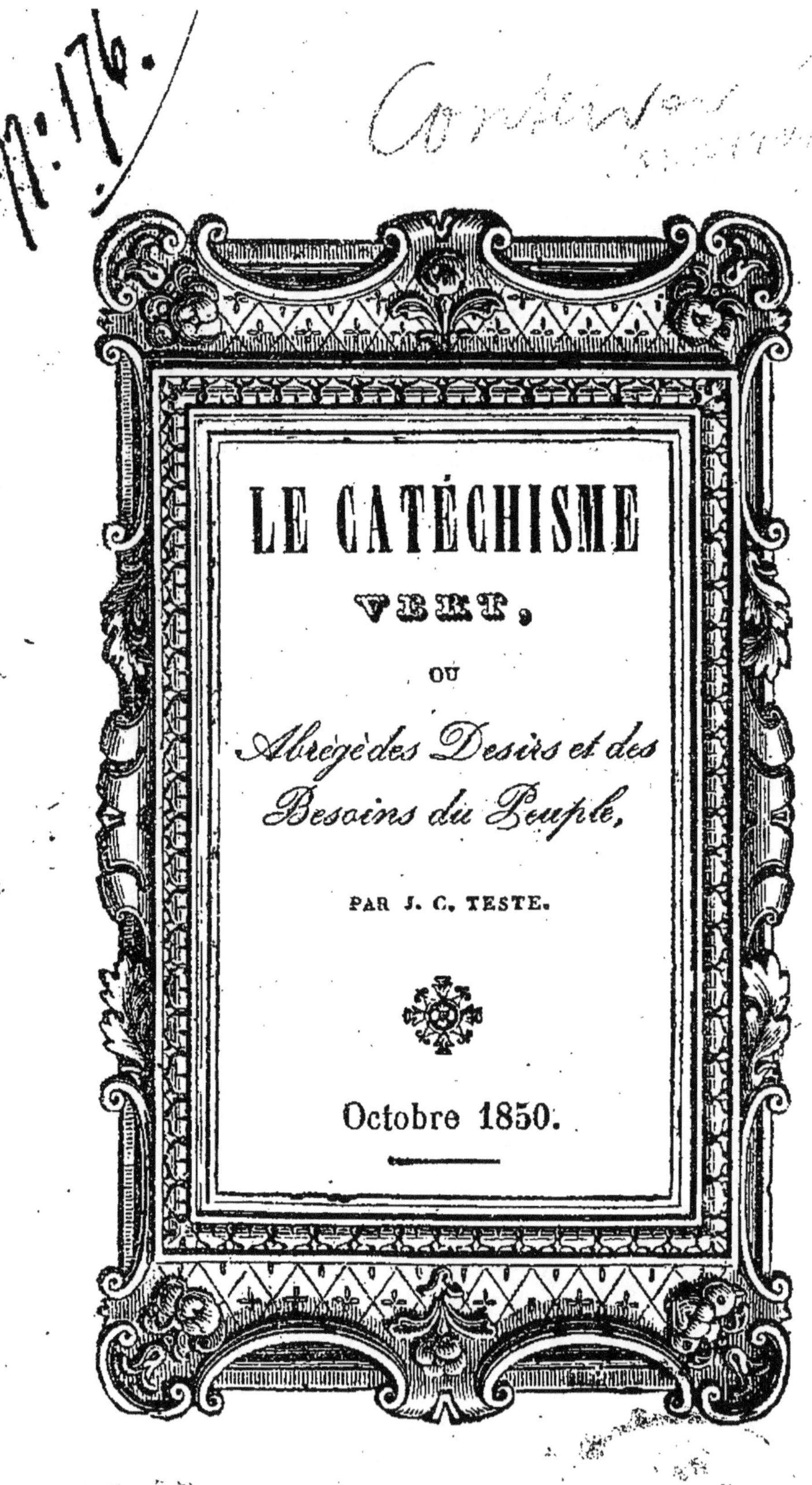

LE CATÉCHISME
VERT,
OU
Abrégé des Desirs et des
Besoins du Peuple,
PAR J. C. TESTE.
Octobre 1850.

A TIMBRER A L'EXTRAORD. VAUCLUSE

LE
CATECHISME VERT

OU

ABRÉGÉ

DES DESIRS ET DES BESOINS

DU PEUPLE.

Par Jean-Calixte TESTE, de Lirac. (*Gard*)

Avignon,

IMPRIMERIE OFFRAY AINÉ, PLACE S-DIDIER, 11.

—

1850.

AUX LECTEURS.

MES CHERS AMIS,

La paix, l'union, et la grace du Seigneur soit en nous tous. Amen.

Profondément touché des maux qui depuis long-temps ne cessent d'affliger notre chère patrie, j'ai cherché à en connaître la cause, afin de pouvoir en arrêter les effets.

Il est vrai qu'un seul homme ne peut rien ; mais le peuple réuni peut tout.

J'entreprends de mettre en évidence la cause du mal et je vous engage, non pas comme dictateur, mais en qualité de Français et de vrai Français, prêt à tout sacrifier pour sa patrie, à y faire attention et à y apporter un remède efficace.

Enfant du peuple, je le vois souffrir de toute part.

Membre du peuple, j'en partage les souffrances.

Ami dévoué du peuple, je cherche à le guérir, et à guérir avec lui.

Or, les principales causes des maux que le peuple français endure sont la division et l'animosité des citoyens envers leurs frères, et le manque de charité les uns envers les autres.

Ses effets sont, les querelles, les discordes, les injures et les calomnies, qui, répandues de toutes parts et sur tous les points de notre patrie, y enfantent ce qu'on nomme LA MISÈRE, en enlevant à un grand nombre d'honnêtes citoyens la confiance dont ils jouissaient à juste titre, et sans laquelle il n'est point de prospérité.

Le remède à apporter à nos maux est bien peu de chose et bien facile pour chacun de nous.

Le voici en résumé :

Jeter un regard sur soi-même avant de parler de son frère. — S'appliquer à connaître les desirs et les besoins du Peuple. — Exercer la charité et la miséricorde envers tout le monde. — Se réunir au même sentiment par les liens de la charité, qui, seule, procurera la paix et le bonheur au peuple.

C'est ce que je vais démontrer dans cet opuscule : heureux si je puis fixer votre attention et celle de tous les honnêtes gens, et par ce moyen, contribuer au bonheur du Peuple Français, duquel j'ai l'honneur de me dire

Le très-humble et très-dévoué Serviteur.

J. C. TESTE.

LE CATÉCHISME VERT,

ou

ABRÉGÉ DES DESIRS ET DES BESOINS

DU PEUPLE.

CHAPITRE I.

—

Du Peuple Français , de la Considération de soi-même et de la Considération de ses frères.

Demande. Êtes-vous Français ?
Réponse. Oui , je le suis et m'honore de ce titre.
D. Qu'est-ce que le peuple Français ?
R. C'est l'assemblée des citoyens qui vivent dans le respect , la fidélité et l'obéissance à l'expression de la volonté générale qu'on appelle loi ou Constitution , et à laquelle on a donné le nom de République Française.
D. Pourquoi dites-vous *à laquelle* on a donné le nom de République Française ?
R. Parce que ce nom a été donné à cette assemblée par un petit nombre d'hommes , qui prirent le nom de Gouvernement provisoire , et qu'il n'a été que confirmé par l'Assemblée Constituante.
D. Puisque l'Assemblée Constituante confirma

le nom de République Française, et qu'elle rédigea la Constitution, il est probable que tous les Français étaient de cet avis ?

R. Non, un grand nombre était d'un avis contraire.

D. Que résulte-t-il de cette différence d'avis ?

R. Il en résulte que les citoyens se sont divisés entr'eux, et qu'ils ont formé des partis sous divers noms, selon leurs avis ou selon leurs opinions.

D. Combien y a-t-il de sortes de partis en France ?

R. Il y en a un grand nombre, mais les quatre principaux sont connus sous les noms de Blanc, Bleu, Rouge et Montagnard.

D. De quelle classe de citoyens est composé chacun des partis que vous venez de nommer ?

R. Chaque parti est composé d'un nombre inconnu de citoyens de toutes les classes, de tous les états et de toutes les conditions.

D. Puisque vous dites que chaque parti est formé de citoyens de toutes les classes, de tous les états, et de toutes les conditions, comment considérez-vous chaque parti en particulier ?

R. Avant de parler des autres, je dois me considérer moi-même, parce que j'appartiens à un de ces quatre partis.

D. Puisque vous appartenez à l'un de ces quatre partis, comment vous considérez-vous, et comment considérez-vous la majorité de votre parti ?

R. Je me considère comme un honnête homme sur la conduite duquel il n'y a rien a reprendre, toujours disposé à me sacrifier pour l'honneur et pour le bien de ma patrie ; je considère la grande majorité de mon parti de la même manière , et sans crainte de me tromper.

D. Ayant une si haute opinion de vous-même et de la grande majorité des citoyens de votre parti , comment considérez-vous les citoyens qui font partie des autres partis ?

R. Je considère la majorité des autres partis de la même manière , et ma conviction est telle.

D. Les partis étant si acharnés les uns contre les autres , comment peut-il se faire que la majorité de tous les partis soient des hommes sur la conduite desquels il n'y a rien à reprendre ?

R. Si vous considérez les divers partis avec calme , sans vous laisser emporter par la passion , ni vous laisser prévenir contre les autres partis , quelle que soit l'opinion à laquelle vous appartenez, vous pourrez vous convaincre que la majorité des citoyens de tous les partis sont des hommes sur la conduite desquels il n'y a rien à reprendre. Dans l'acharnement qui existe des uns contre les autres, vous reconnaîtrez une punition du ciel, et l'œuvre de Satan qui cherche à régner sur la terre, et à l'inonder du sang des justes. Le Christ nous dit dans son évangile que, *plusieurs se haïront les uns les autres , et parce que l'iniquité se sera augmentée , la charité de plusieurs se refroidira.* Il nous dit encore : *vous entendrez parler de guerres et de bruit de guerres ; mais gardez-vous bien de vous troubler. (St. Matthieu , 24).*

CHAPITRE II.

—

Il faut s'appliquer à connaître les désirs du Peuple.

Demande. Après s'être considéré soi-même, et avoir considéré ses frères, à quoi doit-on s'appliquer ?

Réponse. On doit s'appliquer à connaître les désirs du peuple.

D. Pourquoi dites-vous qu'il faut s'appliquer à connaître les désirs du peuple ?

R. Afin que chacun, selon son état, puisse contribuer à les satisfaire.

D. Est-il nécessaire de satisfaire les désirs de tous les citoyens, ou seulement les desirs de tous les partis ?

R. Les désirs de plusieurs citoyens étant frivoles, il est impossible de pouvoir les satisfaire tous ; il en est même qu'il serait, non seulement inutile, mais encore injuste de s'en occuper. Quant aux désirs des partis, c'est différent : il faudrait les connaître, en général, et les satisfaire autant que possible.

D. Les partis étant si opposés les uns contre les autres, comment pouvez-vous dire qu'il faudrait connaître leurs désirs, en général, et qu'il faudrait les satisfaire autant que possible ?

R. Parce qu'il n'y a point de tranquillité ni de bonheur pour l'homme tant qu'il ne peut pas satisfaire ses désirs, bien entendu, ses désirs honnêtes.

D. Les désirs de chaque parti sont trop différens pour qu'on cherche à les satisfaire, il faut donc qu'un seul parti règne et qu'il soumette tous les autres par la force ?

R. Non, il faut qu'il les attire par la douceur.

D. Pourquoi ne pas agir par la force seulement ? Doit-on craindre quelque chose lorsqu'on a la force ?

R Ce n'est pas la crainte qui doit nous faire agir avec douceur. C'est parce que Jésus-Christ nous dit : *Agissez envers les autres, comme vous voudriez qu'ils agissent envers vous.* (*S.-Luc* 6. 31).

D. Peut-on comparer les partis avec la loi du Christ ?

R. Il en est des partis comme des religions : toutes les religions ont pour but le ciel. Libre à chacune d'elles d'examiner si elles sont dans la bonne voie.

De même, tous les partis ont pour but de procurer la paix et le bonheur au peuple, libre à chacun d'eux d'examiner si la route qu'ils veulent prendre pour y arriver est droite.

D. Comment pouvez-vous savoir si tous les partis ont pour but de procurer la paix et le bonheur au peuple ?

R. Pour le savoir il n'y a qu'à interroger l'honnête homme de chaque parti, à écouter ce qu'il dit que son parti désire, et quelle est sa conviction.

Interrogeons-les tour-à-tour, et écoutons leurs réponses.

A UN BLANC :

D. Vous êtes membre de l'un des quatre principaux partis du peuple ? Quels sont les désirs des honnêtes gens de votre parti ? et quel est le but auquel vous voulez arriver si vous pouvez l'atteindre ?

R. Mon parti désire la paix et la tranquillité, le respect de la propriété et de la famille ; l'observance de la religion et de la morale ; le règne de la justice, de l'honneur et de la vraie liberté ; la réduction des impôts ; l'union du peuple au même sentiment ; en un mot nous ne voulons que ce qui est légitime ; car ce qui est légitime est juste, et ce qui est juste est saint.

D. On dit aussi que vous voulez le rétablissement de la féodalité : pensez-vous que cela soit juste !

R. Lorsqu'on veut discréditer un parti, on a besoin non seulement de médire sur son compte, mais on a besoin de le calomnier, et nos ennemis ne manquent pas de faire ces manœuvres. Notre parti, seul, est assez fort pour s'opposer à ce rétablissement, parce qu'il connaît les abus qui pourraient en résulter : ne pouvant convaincre nos frères, qui se sont déclarés nos ennemis, nous nous soumettons aux desseins de la providence.

A UN BLEU :

D. Vous êtes membre de l'un des partis du peuple qu'on appelle le parti des bleus, quels sont les désirs des honnêtes gens de votre parti, et quel but voudriez-vous atteindre ?

R. Nos désirs et notre but sont assez connus : nous voudrions le maintien des institutions de 1830, le règne de la paix, de la liberté, le commerce, l'encouragement du travail, des arts et de l'industrie, le respect de la propriété et de la famille, l'obéissance aux lois , en un mot nous désirons ce qui peut procurer le bien-être et la prospérité à la patrie.

D. On dit que vous auriez voulu créer une nouvelle noblesse composée d'hommes nouvellement parvenus , qu'en pensez-vous ?

R. On se trompe, notre parti tolère les titres de noblesse , mais il abhorre la féodalité , et nous sommes bien loin de vouloir établir de semblables abus. Le bon Dieu est grand , il faut avoir confiance en lui.

A UN ROUGE :

D. Vous êtes de ceux qui font partie des rouges ? dites-nous , je vous prie , quels sont les désirs des honnêtes gens de votre parti et quel est leur but ?

R. Notre parti veut tout ce qui est bien : il veut le maintien du bon ordre , l'abolition de la tyrannie , l'abolition de l'impôt sur les boissons et sur les comestibles , l'instruction gratuite, la modification des traitemens , le maintien de la propriété et de la famille , le règne de la justice , de la liberté et de l'égalité devant la loi , enfin la réforme des abus , et le règne de la loi de l'évangile.

D. On dit que vous voulez le partage des biens et l'abolition de la religion, qu'en dites-vous ?

R. Il faut bien qu'on dise quelque chose pour nous discréditer auprès des ignorans et auprès des sots : est-ce que l'évangile ordonne d'expolier son prochain ? Il est absurde de dire que nous voulons détruire la religion , puisque nous voulons suivre l'évangile. Il faut être méchant pour le dire et sot pour le croire. Nul ne connait l'avenir :

les secrets de la providence sont inconnus aux hommes, il faut s'y confier et espérer.

A UN MONTAGNARD :

D. Vous êtes montagnard, n'est-ce pas, l'ami ?

R. Oui, je le suis, et je m'en fais honneur !

D. Voulez-vous avoir la complaisance de nous dire quels sont les désirs des honnêtes citoyens de votre parti, et quel est le but qu'ils se proposent d'atteindre ?

R. Nous désirons la réforme des abus, et notre but est d'arriver au progrès de la civilisation.

D. Qu'entendez-vous par la réforme des abus, et par le progrès de la civilisation ?

R. Nous entendons avoir pour principe la liberté, l'égalité et la fraternité, nous voulons l'abolition du despotisme et de la tyrannie, le droit de s'associer pour le travail, la diminution des impôts, la réduction des traitemens, l'abolition des impôts sur les boissons et sur les comestibles, l'instruction gratuite, la conservation de la propriété, l'impôt progressif, la création d'une banque hypothécaire, la suppression des octrois, le droit de faire rendre justice à chacun, sans ces préliminaires qui causent la ruine d'un grand nombre de familles, l'union des citoyens au même sentiment, le règne de l'évangile et de la charité.

D. On dit que vous voulez aussi le communisme, le partage des biens, la destruction de la religion, la destruction des riches, et le règne de la terreur...

R. On le dit, mais on se trompe. Il existe des hommes qui voudraient ces choses, mais ce ne sont pas des honnêtes montagnards : ils ne sont pas reçus de la société. C'est une espèce d'hommes qui ne tiennent à aucun parti et qui crient partout, la mort, la mort... Ces vils rebuts de la société sont la cause que personne ne loue notre parti : au contraire c'est ce qui est cause qu'on nous considère partout comme des vauriens et comme des brigands ; mais le Christ qui est notre maître nous dit : *Bénissez ceux qui vous maudissent, et priez pour ceux qui vous calomnient.* (*St.-Luc* 6 , 28). Ainsi ; bénissons et prions.

CHAPITRE III.

Il faut s'appliquer à connaître les besoins du Peuple.

Demande. Vous avez interrogé l'honnête homme de tous les partis ; que pensez-vous des désirs de chaque parti en général ?

Réponse. Je pense que les désirs de chaque parti en général ont pour but de procurer la tranquillité et le bonheur au peuple ; que l'acharnement qui existe entre les divers partis de la nation , vient de la différence des moyens que chaque parti veut prendre pour y arriver.

D. Est-ce que, pour procurer la tranquillité et le bonheur au peuple , on a besoin de faire tout ce que les divers partis désirent ?

R. On peut arriver à cette tranquillité et à ce bonheur par un seul moyen : on doit prendre le plus droit parcequ'il sera le plus court, et le plus avantageux au peuple.

(14)

D. Puisqu'on peut procurer le bonheur à la nation par les moyens qu'un seul parti désire, d'où viennent les diversités des moyens que chaque parti veut employer pour arriver à ce but ?

R. Ces diversités de moyens proviennent de ce qu'il y a un grand nombre d'ambitieux, qui, après avoir détrôné les monarques, cherchent par tous les moyens imaginables à former des partis et à acharner les citoyens les uns contre les autres, croyant et espérant par ce moyen arriver eux-mêmes au pouvoir suprême ; peu leur importe que le peuple souffre de leurs mensonges et des calomnies qu'ils employent contre leurs frères pour se faire des partisans ; peu leur importe, que plusieurs membres du peuple deviennent victimes de la crédulité qu'ils accordent à leurs promesses mensongères : rien ne leur coûterait, s'ils pouvaient atteindre leur but ; mais le Seigneur a dit par la bouche du prophète royal : *Le calomniateur ne prospérera point sur la terre.*

D. L'honnête homme a donc besoin de se tenir en garde contre les calomniateurs ?

R. Oui, partout, et toujours.

D. Les honnêtes citoyens des divers partis ne disent pas tous de la même manière : les uns veulent une chose, les autres en veulent une autre. D'où vient cette diversité de désirs que chaque parti vous a exprimés ?

R. Cela vient de la diversité des besoins. Le peuple est comparé à un grand corps dont le gouvernement en est l'estomac et les citoyens en sont les membres : tous les membres d'un corps existent avec la même nourriture, mais tous ne vont pas avec le même vêtement ; il en est de même des hommes, nous pouvons tous vivre avec le même gouvernement , mais nous avons chacun nos besoins particuliers , pour lesquels il est nécessaire que le gouvernement nous vienne en aide et nous protège par ses lois.

D. Le gouvernement peut-il accorder ce que chaque parti désire sans nuire aux autres partis , et sans les faire révolter contre lui ?

R. Il pourrait en accorder une grande partie sans nuire à aucun : c'est l'affaire du peuple. C'est l'affaire des représentants d'examiner ses besoins et d'y pourvoir. Quant aux révoltes contre le gouvernement , les citoyens connaissent que cela ne sert que pour les faire souffrir et pour les ruiner.

D. Si l'assemblée législative, où les représentans ne font rien de ce que le peuple désire , que faut-il faire?

R. Il faut leur rappeler ses besoins avec douceur.

D. Et si malgré ce rappel on n'obtient rien , ou peu de chose , que faut-il faire encore ?

R. Chacun doit agir selon les pouvoirs que la loi lui accorde , et selon sa conscience.

D. Les partis ne s'accordent-ils pas sur quelques points de leurs désirs et de leurs besoins ?

R. Pardonnez-moi , ils sont d'accord sur plusieurs.

D. Quels sont les points sur lesquels tous les partis s'accordent dans leurs désirs , et dans leurs besoins ?

R. Les honnêtes gens de tous les partis demandent la paix et la tranquillité , le respect de la propriété et de la famille , le règne de la justice, de l'honneur et de la vraie liberté , l'observance de la religion et et de la morale , le commerce , l'encouragement du travail, des arts et de l'indus-

trie , le respect et l'obéissance aux lois , par con-
séquent l'abolition du despotisme et de la tyrannie , l'union du peuple au même sentiment , et la
réduction des impôts.

D. Quels sont les points sur lesquels les partis
ne sont pas d'accord ?

R. Voici les principaux : le rétablissement des
institutions de 1830. L'instruction gratuite , le
droit de s'associer pour le travail , la réduction
des traitements , l'abolition de l'impôt sur les
boissons et sur les comestibles, l'impôt progressif , la suppression des octrois , la création d'une
banque hypothécaire , et la réforme dans la manière de rendre la justice.

D. Et vous ne dites rien de la légitimité ?

R. Cela n'est pas nécessaire.

D. Je vous l'accorde , mais il conviendrait d'en
dire un mot ?

R. Puisque vous le souhaitez, je vais vous l'ex-
pliquer : La République est le premier et le plus
légitime de tous les gouvernements : nous l'avons,
mais à défaut de celui-ci , les blancs, les rouges et
les montagnards disent qu'ils veulent le gouvernement de leurs Pères , qu'ils disent être le plus
légitime.

D. Et les bleus voudraient celui de 1830 ?

R. Oui... Mais.... ne les offusquons pas.

D. Les montagnards et les rouges disent qu'ils
veulent l'instruction gratuite, serait-il juste de
l'accorder ?

R. Si l'instruction gratuite qu'on voudrait était
une instruction morale et religieuse on ferait bien
de l'accorder , parce qu'elle aiderait à former de
bons citoyens ; si au contraire , on veut une instruction dépourvue de vrais principes, cette ins-

truction sera inutile à celui qui la recevra , et de plus ; elle deviendra préjudiciable au peuple , à cause que la mauvaise éducation ne sert qu'à former de mauvais citoyens. Dans cette classe , plus il y aura d'instruction et plus il existera de corruption ; mais si on a soin d'élever la jeunesse à garder la justice et la charité, à observer fidèlement la loi du Christ, qui est une loi d'amour ; a élever l'homme par la pensée jusqu'à la dignité dans laquelle Dieu l'avait crée , alors on aura formé des citoyens dignes de ce nom ; et si telle est l'éducation qu'on demande , on doit l'accorder sans hésiter.

D. Pourrait-on accorder le droit de s'associer pour le travail ?

R. Oui , pourvu que la société ne fût pas bien nombreuse.

D. Est-ce que le socialisme ne pourrait pas exister ?

R. Il peut exister dans les maisons religieuses, à cause que ceux qui y vivent sont sans volonté ; il pourrait exister aussi entre certains ouvriers et pour certains travaux , mais cela serait un peu difficile.

D. Le socialisme ne pourrait-il pas exister par communes ou par sections de communes entre tous ceux qui y habitent , sous la conduite d'un ou de plusieurs chefs ?

R. Je ne le crois pas.

D. Pourquoi ne le croyez-vous pas ?

R. Parce que pour pouvoir vivre en société sous la conduite d'un , ou de plusieurs chefs , trois choses sont absolument nécessaires , savoir :

L'humilité , l'obéissance , et l'abnégation de soi-même, qui porte à renoncer entièrement à sa volonté et à sa liberté , pour obéir aveuglément aux ordres de ceux qui ont le droit de commander. Je crois que les français , qui ont si long-temps combattu pour leur liberté , ne voudraient jamais se soumettre à cette manière de vivre.

D. Que dites-vous de la réduction des traitetements , de l'abolition de l'impôt sur les boissons et sur les comestibles ?

R. Je dis qu'un grand nombre de citoyens de tous les partis demandent cette abolition et la réduction de certains traitemens; c'est aux réprésentants à prendre les moyens nécessaires pour opérer la suppression de cet impôt, afin de donner plus de liberté au commerce de nos denrées : cette suppression serait un vrai service qu'on rendait au peuple.

D. Et sur l'impôt progressif que pensez-vous ?

R. Je pense qu'il serait utile que chacun payât l'impôt selon son avoir, c'est-à-dire qu'il n'y eût de faveur pour personne. On pourrait créer des commissions bien organisées composées de citoyens consciencieux pour reviser les contrôles, et on verrait quel en serait le résultat.

D. Croyez-vous qu'il y a des faveurs sur les impôts ?

R. Oui il en existe sur certaines propriétés , et si cela était corrigé il ne serait pas nécessaire de créer un nouvel impôt progressif.

D. Doit-on supprimer les octrois ?

R. Il serait avantageux qu'on les supprimât sur les boissons et sur les comestibles , et même sur tout s'il était possible ; mais il est à craindre que la suppression entière des octrois augmenterait la souffrance des pauvres qui habitent dans les villes , en les privant d'une grande partie des secours qui leur sont distribués.

D. N'y a-t-il pas d'autres réformes à opérer en faveur du peuple ?

R. Il y aurait la modification du code forestier.

D. Quel serait le besoin du peuple sur ce point.

R. Il faudrait plus de latitude pour la nourriture des bestiaux, et pour les engrais des propriétés.

D. Les montagnards demandent la création d'une banque hypothécaire : pensez-vous qu'on puisse l'établir sans ruiner les capitalistes, et sans être préjudiciable à l'Etat ?

R. Oui, on le pourrait en prenant biens ses précautions pour l'établir : cette création serait un grand service qu'on rendrait à tous les propriétaires d'immeubles, en leur donnant la faculté de ne pas tomber entre les mains des usuriers, ce qui arrive à plusieurs. Tout le monde, connait quelles sont les suites facheuses de ceux qui ont le malheur de tomber entre les mains de ces spoliateurs honnêtes, qui ne cessent de ronger la société sur tous les points de la patrie, par leurs prétendus services.

La Banque pourrait appartenir à l'Etat, qui paierait le 3 1|2 ou le 3 et 60 pour 0|0 aux capitalistes, et ferait payer le 4 pour 0|0 aux propriétaires. De cette manière le capitaliste ne risquerait pas d'être ruiné, les emprunteurs seraient en position de se libérer des mains des usuriers, et l'Etat ne perdrait rien.

D. On voudrait que le fond ne se rendît point.

R. Cela pourrait se faire aussi en payant le 5 et 1|2 ou le 6 pour 0|0 et jusqu'à 7 pour 0|0 pendant un certain nombre d'années. C'est un calcul qu'on pourrait faire aisément.

D. Il faudrait donc une nouvelle administration ?

(20)

R. Il ne serait pas nécessaire d'en créer une nouvelle : les percepteurs pourraient être chargés de ce travail et percevoir les intérêts comme ils perçoivent les contributions. Ce serait une création qui favoriserait le peuple.

D. Les montagnards veulent le droit de faire rendre la justice à tout citoyen, sans ces préliminaires qui, disent-ils, causent la ruine d'un grand nombre de familles, qu'en dites-vous ?

R. Je dis que les montagnards ne sont pas les seuls qui sont fatigués de la manière dont on rend la justice ; un très grand nombre d'honnêtes gens de tous les partis désirent la réforme sur ce point. Personne n'ignore que depuis des siècles entiers on crie après la justice : si elle était constamment rendue à qui de droit, d'une manière simple, claire, juste, et précise, on ne dirait rien ou du moins on dirait peu de chose ; parce que, ce qui est simple, est sans détour et sans malice ; ce qui est clair est éclatant et sans ombrages ; et ce qui est juste, sans réplique. Tels doivent être les caractères de la vraie justice.

D. Pourriez-vous me dire si anciennement on murmurait contre la justice ?

R. Il est bien probable, puisque La Fontaine a écrit contre les abus de la justice.

D. Racontez – nous, en résumé, ce que dit La Fontaine en parlant de la justice ?

R. La Fontaine fait comme tous les plaideurs, il s'en plaint et il dit :

On nous mange, on nous gruge :

On nous ruine par des longueurs :

On fait tant, à la fin, que l'huitre est pour le juge,

Les écailles pour les plaideurs.

Et dans un autre endroit il ajoute :

Mettez ce qu'il en coûte à plaider aujourd'hui ,
Comptez ce qu'il en reste à beaucoup de familles:
Vous verrez que Perrin tire l'argent à lui ,
Et ne laisse aux plaideurs que le sac et les quilles.

D. Serait-il possible de faire rendre la justice d'une manière plus simple , que celle qu'on est obligé de suivre ?

R. En ce qui concerne les procès civils , on pourrait la faire rendre d'une manière plus simple plus claire , moins coûteuse , et plus juste.

D. Doit-on demander cette réforme ?

R. Elle est une des plus nécessaires au bien du peuple.

D. Croyez-vous qu'on pourrait faire rendre la justice d'une manière plus simple , plus claire , moins coûteuse , et plus juste ? Comment m'expliquerez-vous cela ?

R. La justice pourrait être rendue aux parties , simplement , au vû des pièces , ou sur la déposition des témoins ; cette méthode serait plus claire moins coûteuse , et plus juste , que de s'en rapporter à l'astucieuse rédaction de la requête d'un avoué (qui quelquefois ne sert qu'à jeter injustement une famille dans un procès honteux et ruineux), ou à l'éloquente déclamation d'un avocat, qui peut occasionner la honte des juges.

D. Comment peut-il se faire qu'au moyen d'une requête , un avoué puisse jeter injustement une famille dans un procès ?

R. Il y a plusieurs procès civils qu'on ne peut intenter sans en avoir obtenu la permission du président du tribunal de première instance, qui ordinairement est un homme éclairé et consciencieux. Pour obtenir de sa part cette autorisation ou cette ordonnance , il est nécessaire de lui présenter une requête par le ministère d'un avoué , dans laquelle on expose ses motifs : si on exposait simplement la vérité , il arriverait quelquefois , que les présidents refuseraient leurs ordonnances avec justice ; mais il existe certains avoués, heureusement en petit nombre , qui , plus avides de l'argent que de la justice , ont le soin d'insérer adroitement dans leur requête des expressions calomnieuses contre la partie adverse ; par ce moyen ils obtiennent facilement l'ordonnance voulue par la loi. De là il advient, parfois, que les amis les plus intimes ou les parents les plus proches , tombent involontairement et injustement dans un procès dont les frais sont énormes , et même ruineux pour certaines familles.

D. Pourquoi dites-vous que l'éloquence d'un avocat peut occasionner la honte des juges?

R. Vous n'ignorez pas qu'il arrive que , dans un procès , celui qui a droit est condamné dans un tribunal et qu'en faisant appel il est victorieux dans un autre ; faut-il pour cela acuser les juges d'être injustes ? Non , c'est qu'ils sont induits en erreur par l'éloquence de l'avocat de la partie adverse qui a eu le talent de donner à sa mauvaise cause , toute l'apparence trompeuse de la vérité et de la justice , et c'est ce qui occasionne la honte de certains juges.

D. Faudrait-il détruire les avocats et les avoués?

R. Non , il en est besoin pour les affaires d'importance.

D. Faudrait-il détruire les juges ?

R. Au contraire , on devrait en établir de

nouveaux , afin que la justice fût rendue dans un bref délai.

D. Quels sont ceux qu'on doit choisir pour juger les différens qui surviennent parmi le peuple ?

R. On doit choisir des hommes éclairés , consciencieux , et craignant Dieu , afin qu'ils aient toujours dans le cœur et devant les yeux ce précepte de l'évangile : *ne jugez pas selon l'apparence , mais jugez selon la justice.* (St-Jean 7. 24).

CHAPITRE IV.

*Nous devons exercer la charité et la misé-
ricorde envers tout le monde.*

D. Qu'est-ce que la charité ?

R. C'est l'amour que nous avons pour Dieu, et
l'amour que nous devons avoir pour nos frères,
en vue de Dieu ; ou en vertu de l'amour de
Dieu.

D. Est-ce que nous avons besoin d'avoir la
charité ?

R. Pour vivre en bon citoyen et en honnête
homme, il est absolument nécessaire de l'avoir
et de l'exercer envers tous.

D. Tous les hommes ont-ils la charité ?

R. Oui, tous les honnêtes gens ont une charité
plus ou moins grande.

D. Suffit-il d'aimer Dieu, et d'aimer les hommes pour l'amour de Dieu, pour avoir une charité
parfaite ?

R. Non, il faut encore en pratiquer les œuvres
envers Dieu et envers le prochain.

D. Quelles sont les œuvres de charité envers
Dieu ?

R. L'entière obéissance à sa loi.

D. Quelles sont les œuvres de charité envers les
hommes ?

R. Toutes celles qui peuvent contribuer à leur
bien spirituel et temporel et notamment les œu-

vres de miséricorde.

D. Qu'est-ce donc que cette miséricorde ?

R. C'est la vertu qui nous porte à avoir compassion des misères d'autrui et à les soulager.

D. Est-il nécessaire de l'exercer ?

R. Oui, parce que cette vertu est sœur de la charité et que l'une ne peut exister sans l'autre.

D. Pourquoi dites-vous que l'une ne peut exister sans l'autre ?

R. Parce qu'on ne peut pas avoir un véritable amour de Dieu sans avoir l'amour des hommes ; ni exercer la charité ou la miséricorde envers les hommes sans avoir l'amour de Dieu.

D. Quelles sont les œuvres de miséricorde qu'il faut exercer particulièrement ?

R. Ce sont les œuvres d'aumône, que nous devons faire sans cesse, puisque le Christ a dit : (*en St-Luc. 6.*) *Donnez, et il vous sera donné* ; et que l'apôtre des nations à ajouté : *ne vous lassez point de faire du bien à tout le monde.*

D. Est-ce que tous les hommes peuvent faire l'aumône ?

R. Oui, sans exception de personne.

D. Mais les pauvres ne sont pas obligés de faire l'aumône puisqu'ils reçoivent celle des riches ?

R. Nous sommes, sans exception de personne, obligés de faire l'aumône spirituelle ; et chacun, selon son état, doit y ajouter l'aumône temporelle.

D. Est-il nécessaire de l'aumône spirituelle pour procurer la paix et le bonheur temporel au peuple ?

R. Elle est si nécessaire que sans cette aumône, l'aumône temporelle ne servira de rien.

D. Comment ! avons-nous donc besoin d'assistance ?

R. Oui , car nous n'allons pas tous tendre la main pour recevoir de celle de notre frère le pain qui est nécessaire à notre existence ; mais nous tendons le cœur vers nos frères pour demander, et nos frères tendent le cœur vers nous pour recevoir le don de la miséricorde spirituelle que nous devons tous distribuer de diverses manières.

D. Qu'est-ce qu'on peut demander spirituellement ?

R. Le cœur d'un affligé réclame les paroles de consolation et d'espérance ; l'ame aigre et irritée demande les paroles de paix et de conciliation ; l'ame égarée sollicite à être ramenée dans la bonne voie ; le malheureux à être secouru , et consolé ; partout et toujours il y a des défauts à supporter, des injures et des tors à pardonner , des calomnies à oublier, et de bons conseils à donner.

D. Sommes-nous obligés d'exercer toutes ces œuvres ?

R. Oui, nous y sommes obligés, parce qu'il est écrit dans le saint évangile : *soyez miséricordieux comme votre père est miséricordieux..... Oubliez les injures et on oubliera les vôtres. (St-Luc. 6. 36 et 37).*

CHAPITRE V.

Il faut connaître son droit , ses devoirs , et ses obligations ; s'en acquitter, et se réunir au même sentiment par les liens de la charité, qui seule procurera le bonheur au peuple.

Demande. Le peuple étant si divisé contre lui-même , serait-il possible de le réunir au même sentiment ?

Réponse. Oui , cela pourrait se faire.

D. Comment cela pourrait-il se faire ?

R. En ne laissant ignorer à aucun citoyen son droit , ses devoirs , et ses obligations.

D. Quel est le droit du citoyen ?

R. La Liberté.

D. Est-ce que tous les hommes doivent être libres ?

R. Oui , sans en exceper un seul.

D. Pourquoi dites-vous que les hommes doivent être libres sans en excepter un seul ?

R. C'est parce qu'ils sont les créatures d'un même Dieu , et les descendans d'un même père que Dieu créa et plaça libre sur la terre, ne lui donnant d'autres ordres que celui d'obéir à sa loi.

D. En quoi consiste la liberté ?

R. Elle consiste à pouvoir faire tout ce qui ne nuit à personne.

D. Nous voyons , cependant , dans nos livres saints que Dieu donna des rois à son peuple : il est donc incontestable que Dieu a institué les rois ?

R. Oui , lorsque le peuple abandonna la voie de Dieu pour suivre les voies de l'iniquité et de l'injustice , le Seigneur donna un roi à ce peuple pour le conduire selon sa loi , pour protéger le faible contre le fort , et pour faire régner la justice ; c'est pourquoi Salomon a écrit dans ses maximes : *la justice élève les nations , l'iniquité rend les peuples misérables.* (maximes 14. 34.)

D. Puisque la justice élève les nations , il faut qu'il y ait des hommes pour la faire régner ?

R. Oui , partout et toujours ; sans quoi le méchant opprimerait le faible , et le dépouillerait entièrement de son droit.

D. Puisque Dieu a institué les rois vous conviendrez qu'ils doivent être nécessaires au bien du peuple ?

R. Il est nécessaire que le peuple ait des gouverneurs sous quelques dénominations que ce soit pour le conduire dans la bonne voie , pour le protéger , et pour lui tenir lieu de père ; mais ces hommes doivent se souvenir qu'ils n'ont pas le droit de l'opprimer , car il est écrit : *celui qui opprime le pauvre fait injure à son créateur.* (maximes. 31.)

D. Quels sont les devoirs et les obligations du citoyen ?

R. Ce sont la charité , la miséricorde, et la justice.

D. Vous nous avez dit que tous les hommes sont obligés d'exercer la charité et la miséricorde, que dites-vous de la justice ?

R. je dis que les hommes sont tous également

obligés de garder la vraie justice, selon la loi du Seigneur et du Christ notre maître.

D. Croyez-vous que les peuples se réuniront pour suivre la loi du Seigneur et de son Christ ?

R. Oui , car le Seigneur a dit par la bouche du roi prophète , en parlant du Christ , qui est fils de David : *tous les rois de la terre l'adoreront ; et toutes les nations lui seront soumises... il aura pitié du faible et de l'indigent... il les délivrera de l'oppression , de l'usure et de l'injustice.*

D. Que dit encore le prophète ?

R. Sous lui règneront la justice et la paix.... en lui seront bénis tous les peuples de l'univers ; et il sera glorifié par toutes les nations.

D. Qu'entendez-vous par la vraie justice ?

R. J'entends qu'il faut que chacun agisse envers ses frères selon les devoirs que son état lui prescrit , afin que la paix et l'union puisse régner parmi les serviteurs du même Dieu et les enfans du même père.

D. Est-ce que les devoirs des hommes ne sont pas les mêmes pour tous ?

R. Ils diffèrent selon l'état de chacun.

D. Quelles sont les différences d'état des citoyens ?

R. Ce sont celles qui sont établies par la loi.

D. Combien comptez-vous de différens états parmi le peuple ?

R. Trois principaux savoir : les gouverneurs ou administrateurs , qui sont chargés de donner ou de faire exécuter les lois ; les juges et les administrés.

D. Quels sont les devoirs des gouverneurs et des administrateurs ?

R. Ils sont obligés de donner des lois , pour

faire régner la paix et l'union parmi le peuple, pour opérer l'amélioration de son sort, et de supprimer celles qui tendent à l'opprimer.

D. Pourquoi supprimer les lois d'oppression ?

R. Parceque l'oppression est l'œuvre des méchants, et qu'il est écrit, dans le livre de la sagesse : *Prêtez l'oreille, vous qui gouvernez les peuples, la colère de Dieu éclatera sur les méchans.*

D. A quoi sont-ils obligés encore ?

R. A faire exécuter ponctuellement les lois et les règlemens qui sont en vigueur, sans acception de personnes et sans négligence.

D. Ne doit-on pas avoir des égards envers certains hommes ?

R. On doit considérer l'honnête dans toutes les classes, quoiqu'il soit pauvre ; et punir le méchant de même, quoiqu'il soit riche.

D. Quels sont les devoirs de ceux qui sont établis juges ?

R. Leurs devoirs sont très délicats : ils doivent non-seulement examiner les lois ; mais ils doivent encore consulter leur conscience, et avoir sans-cesse devant les yeux cette sentence de Salomon : *celui qui acquitte l'injuste, et celui qui condamne le juste sont tous deux abominables devant le Seigneur.* (*maximes.*)

D. Quels sont les devoirs des administrés ?

R. Les administrés doivent indistinctement, le respect et l'obéissance aux lois, et aux réglements.

D. N'y a-t-il pas des devoirs particuliers auxquels les hommes sont obligés les uns envers les autres ?

R. Il y a encore ceux qu'on appelle devoirs de bienséance qui dérivent de la charité, qu'on doit observer autant qu'il est possible, parce que la bienséance aide les hommes à conserver la charité parmi eux.

D. N'y a-t-il pas d'autre différence entre les citoyens ?

R. Il y a la classe des riches , celle des cultivateurs et des ouvriers , et la classe des pauvres.

D. Comment pouvoir réunir ces trois différentes classes de citoyens au même sentiment ? faut-il établir l'égalité de fortune ?

R. Non , parce que ce serait une injustice qui conduirait à une fin funeste : il faut établir la charité qui seule peut procurer la paix et conduire au bonheur.

D. Comment peut-on établir la charité ?

R. Chacun de son côté doit y contribuer en avouant ses torts et en pardonnant de bon cœur à ses frères les fautes qu'ils auront commises contre lui ; alors la peur et la crainte dont les citoyens sont saisis se dissiperont et les hommes se reposeront.

D. Pourquoi dites-vous que la charité dissipera la peur et la crainte ? Est-ce que les hommes ont peur ?

R. Oui , toutes les classes ont peur les unes des autres : les pauvres , les ouvriers et les cultivateurs craignent que les riches veuillent les opprimer ; les riches craignent que les autres veuillent les dépouiller de leurs fortunes ; de cette manière tous se haïssent et se détestent, au lieu de s'aimer et de s'entr'aider les uns les autres.

D. Est-ce que les citoyens ont tort de se méfier les uns des autres ?

R. Oui, ils ont tort , et grandement tort, parce que la peur et la méfiance sont les effets d'un mauvais jugement qu'on porte contre ses frères , et le Christ nous dit : *ne jugez point et vous ne serez point jugés.* (*Luc* 6.)

Les pauvres ont tort, parce que la majorité des riches ne désirent pas de les opprimer ; et les riches ont tort de craindre que les classes des cultivateurs, des ouvriers et des pauvres veuillent les dépouiller de leurs fortunes : l'expérience leur prouve le contraire. Les citoyens de toutes les classes doivent se souvenir que Dieu est le créateur de tous les hommes ; qu'il a donné à chacun une ame et une conscience qui parle au fond du cœur. L'honnête homme, de quel parti et de quelle classe qu'il soit, a soin, et se fait honneur de garder cette ame et cette conscience pure et exempte de toute injustice ; il aspire au bonheur de ses semblables; il cherche le moyen de le leur procurer : mais les erreurs que les ambitieux ont répandues sur la terre empêchent les honnêtes gens de se réunir. La charité, seule, peut opérer ce prodige en ouvrant les yeux aux hommes, et en les portant à avouer leurs torts ; et lorsque les hommes auront ouvert les yeux à la lumière, tous de concert se réuniront pour demander pardon et grace devant le Seigneur.

D. Croyez-vous que les citoyens se réuniront au même sentiment ?

R. Oui, car le Seigneur a dit par la bouche du prophète Osée : *dans l'excès de leur tribulation, ils se hâteront de recourir à moi : venez, diront-ils, retournons au Seigneur, parce que c'est lui qui nous a blessés ; et qui nous guérira.* Et lorsque les hommes se seront ainsi réunis pour s'humilier aux pieds du trône de la majesté divine, le tout-puissant fera éclater sa gloire sur le peuple, et les hommes demeureront unis par les liens de l'amour

de Dieu , et ils se diront les uns les autres ces paroles du grand apôtre : *La nuit est passée et le jour
approche ; laissons les œuvres de ténèbres et pre-
nons les armes de lumière ; et marchons dans la
bienséance.* Alors le peuple vivra dans la paix , et
les hommes seront heureux parcequ'ils s'aimeront,
qu'ils observeront la loi de grace et qu'ils recon-
naîtront pour seul maître l'oint du Seigneur, le
fils de Marie.

Teste.

0